RECHERCHES

SUR

LES MOYENS DE PRÉSERVER LA FRANCE

DES

GUERRES CIVILES.

N° 2.

FRAGMENTS SUR LE CHRISTIANISME.

DE L'IMPRIMERIE DE CRAPELET,

RUE DE VAUGIRARD, Nº 9.

RECHERCHES

SUR

LES MOYENS DE PRÉSERVER LA FRANCE

DES

GUERRES CIVILES,

PAR **H. VIARD**, CHEF DE BATAILLON DU GÉNIE.

N° 2.

FRAGMENTS SUR LE CHRISTIANISME.

Si vous croyez aux miracles, lisez les Évangiles ; si vous ne croyez pas aux miracles, lisez aussi les Évangiles ; lisez-les sans quitter les communions qui vous sont chères ; eux seuls vous diront le secret de la liberté ; eux seuls doivent être les régulateurs de l'opinion, cette Reine du monde ; ajoutez à votre instruction ces connaissances nouvelles ; la Patrie vous le demande, sa gloire l'exige, son avenir en dépend.

A PARIS,

CHEZ **TREUTTEL** ET **WÜRTZ**, LIBRAIRES,

RUE DE LILLE, N° 17 ;

A STRASBOURG, même Raison de Commerce, Grand' Rue, n° 15.

====

1840.

AVANT-PROPOS.

Les soins minutieux que prennent l'Angleterre et l'Amérique pour répandre avec profusion les instructions bibliques, sont à la fois louables et fort utiles à leurs intérêts temporels. Ces livres sont reconnus aujourd'hui comme les oracles de la politique, de l'économie sociale, et comme les garants de l'honneur et de la liberté des nations.

Lorsque la Hollande s'inscrivit au nombre des nations libres, le savant Grotius (ami de l'infortuné Barnewelt), fit jeter à bord de tous les bâtiments hollandais un ouvrage qu'il avait composé durant sa captivité dans la forteresse de Lowenstein, et où il démontre la vérité de la religion chrétienne. Cet homme d'État comprit bien que, pour faciliter à ses compatriotes les moyens de fonder solidement ces beaux établissements qu'ils possèdent encore aujourd'hui dans l'hémisphère central, il fallait que les matelots qui allaient se trouver en contact continuel avec des hommes nouveaux et inconnus, étudiassent l'esprit du christianisme, et cela sans s'arrêter aux puériles distinctions que l'égoïsme de corporation religieuse a quelquefois exagérées avec une coupable malice.

Comme le livre qui dispense les idées chrétiennes appartient d'ailleurs à toutes les communions, et qu'il n'oblige personne à passer de l'une à l'autre, on ne voit pas ce qui empêche les familles d'en faire chaque jour, pendant quelques minutes, une petite lecture, ne fût-ce que pour savoir au moins ce que c'est que ce livre singulier que l'on dit avoir été traduit en cent cin-

quante langues. S'il est vrai que le nombre
des exemplaires qu'on en dissémine sur le
globe est chaque année d'un demi million,
et que plus de vingt millions de francs
soient dépensés d'un commun accord pour
cette opération par deux nations rivales,
toutes deux libres, il faut croire que dans
ce livre il y a quelque trésor caché.

Ce n'est point parce que le volume sacré
est sous le toit de toutes les familles an-
glaises et américaines que nous le recom-
mandons à nos compatriotes, ni parce qu'il
compte plus de lecteurs que tous les autres
livres ensemble, mais c'est parce que lui
seul peut combattre avec succès l'erreur
et l'égoïsme, ces deux redoutables ennemis
de la liberté; c'est parce que lui seul peut
nous faire sortir du chaos ténébreux de
l'idéologie où nous commençons à ne plus
nous reconnaître tant est profonde l'obscurité romantique et théâtrale qui nous en-

vironne. La solution du problème que nous nous sommes proposé de résoudre et qui fait l'objet spécial de ces recherches est là tout entière; elle consiste non pas à demander qu'on passe d'une communion à une autre, mais qu'on s'attache à celle qu'on a choisie, et qu'on rectifie les erreurs philosophiques des Français sur le christianisme.

Un publiciste parlementaire, après avoir fait une étude approfondie des écritures et les avoir examinées en homme d'État, reconnaît le christianisme comme l'antidote de l'égoïsme, qu'il appelle *la maladie mortelle des corps politiques*. Ce philanthrope d'une piété profonde et éclairée, en même temps qu'il accepte toute la sévérité dogmatique de sa lithurgie anglicane, envisage le christianisme sous le rapport de ses avantages temporels; voici comment il répond à ceux qui l'accusent d'éteindre l'ardeur avec laquelle on doit se livrer aux devoirs de la vie civile ou domestique.

« A l'époque de la promulgation du
« christianisme, quelques uns de ceux qui
« se rangèrent les premiers sous ses éten-
« dards méconnaissaient le génie de cette
« nouvelle religion au point de se flatter
« qu'à l'avenir ils seraient dispensés de
« s'occuper avec activité de leurs affaires
« temporelles. Mais l'apôtre s'est appliqué
« avec le plus grand soin à les prémunir
« contre une erreur si grossière ; et, pour
« y parvenir, il leur a enjoint d'une ma-
« nière expresse et itérative de remplir les
« devoirs particuliers de leur condition
« avec une allégresse, une fidélité qui pus-
« sent honorer leur profession de chrétien.
« Il l'a fait dans le même temps qu'il leur
« prescrivait et cet amour de préférence
« pour Dieu et pour Jésus-Christ, et cet

« attachement pour les biens célestes, et
« cette indifférence relative pour les avan-
« tages de ce monde, et ces efforts soute-
« nus pour croître en grâce, en perfection,
« en sainteté, que nous avons déjà établis
« comme les caractères essentiels du véri-
« table christianisme. Ainsi donc, aucun
« de ceux qui regardent l'apôtre comme
« un instituteur trop sage pour se mettre en
« contradiction avec ses propres principes
« et beaucoup moins ceux qui admettent
« sa divine autorité, ne peuvent supposer
« que ces derniers préceptes sont en oppo-
« sition avec les premiers. Que l'on se sou-
« vienne que la grande marque caractéris-
« tique du vrai chrétien, et c'est sur elle
« que nous avons particulièrement insisté,
« *est un ardent désir de plaire à Dieu,*
« *dans toutes ses pensées, toutes ses pa-*
« *roles et toutes ses actions; de prendre la*
« *révélation pour règle de sa croyance et*

« *de sa conduite; de faire briller sa lu-*
« *mière devant les hommes, et de donner*
« *en toutes choses de l'éclat à la doctrine*
« *qu'il professe.* Aucun état n'est blâmé;
« aucune recherche n'est interdite, aucune
« science, aucun art ne sont proscrits; au-
« cun plaisir n'est condamné, pourvu qu'ils
« se concilient avec ce principe, etc. »

La philosophie ne dit rien de plus; mais comme elle est née du cerveau de l'homme, elle est par cela même marquée de faiblesse, et porte pour ainsi dire sur son front les stigmates de sa débilité intellectuelle; il ne faut donc pas s'étonner de lui voir encourager à tort et à travers, tantôt le crime, tantôt la vertu, et leur offrir indistinctement l'estime des hommes pour récompense. Moins encore faut-il s'étonner de voir la raison philosophique applaudir souvent à contre sens des actions répréhensibles qui semblent procurer d'abord quelque avantage à une nation ou à un individu, tandis que la loi divine ne précipite jamais l'esquif de l'homme sur ces écueils.

La loi divine offre à l'homme une récompense et le menace d'un châtiment après sa mort. Elle console ainsi le malheureux lorsqu'il est simple de cœur, mais elle punit d'avance l'orgueilleux philosophe matérialiste en lui ôtant cet espoir régénérateur. Si Voltaire avait su tout le mal qu'il faisait à sa patrie, peu de savants seraient plus inexcusables ; mais cette faiblesse intellectuelle commune à tous les hommes l'absout comme tant d'autres. Les matérialistes n'ont pas su le mal qu'ils se faisaient à eux-mêmes, et alors comment les rendre entièrement responsables du mal qu'ils ont fait aux autres? Là est leur excuse. L'erreur les a entraînés, semblables à ces fleuves rapides que ne peuvent

quelquefois remonter les plus habiles na-
geurs.

Si l'erreur, cette infirmité humaine, ne
servait pas d'excuse au philosophe qui enseigne le matérialisme, il serait la plus coupable des créatures; mais encore une fois,
la faiblesse de son intelligence le justifie
presque entièrement. L'égoïsme lui seul
est le grand coupable; l'égoïste qui sacrifie
sciemment ses semblables à ce qu'il croit
être son intérêt est précisément l'inverse
du chrétien qui obéit à la loi souveraine.
Le défenseur des Calas aimait la France
et l'humanité; il n'a été qu'une victime de
l'erreur; car c'est à lui qu'on doit ce beau
vers :

A tous les cœurs bien nés que la patrie est chère !

Celui qui n'aurait pas, pour se justifier
de son matérialisme, à produire les preuves de la faiblesse intellectuelle de l'hom-

me, et qui, avec connaissance de cause ôte-rait à son semblable l'espoir d'une récom-pense ou la crainte d'un châtiment après sa mort, exciterait l'homme au meurtre, à l'adultère, à la vengeance, à la haine, au brigandage politique, en un mot, à l'é-goïsme; ce serait un véritable embau-cheur; mais, lorsqu'il raisonne sur le monde invisible, il ne sait ce qu'il dit, et là est en partie son excuse.

Oter à une famille la confiance qu'elle doit aux écrivains sacrés et à leurs promes-ses, c'est priver la société de tous les biens que cette famille peut répandre autour d'elle, et lui donner en échange tous les maux que sa malice peut engendrer; c'est un véritable contre-sens. C'est placer l'homme malheureux dans un désert. C'est laisser la patrie éplorée sans défen-seurs; c'est la livrer au joug de l'étranger, quelque belliqueuse qu'elle soit d'ailleurs, ou la condamner au despotisme ; c'est en un mot, appeler sur elle tous les fléaux du courroux céleste et des passions humaines.

RECHERCHES

SUR

LES MOYENS DE PRÉSERVER LA FRANCE

DES

GUERRES CIVILES.

FRAGMENTS SUR LE CHRISTIANISME.

I.

Les chrétiens se sont établis dans le monde en affrontant des supplices, et les mahométans en distribuant des supplices.

Le christianisme, dans son berceau, est entouré de faiblesse, de misère et d'opprobre; le mahométisme de terreur et de prospérités éclatantes.

Mahomet dérobe à nos livres sacrés une partie de leurs richesses, et les mêle

avec les mœurs de l'Asie [1]. Il met en œuvre
la force et la ruse pour imposer à l'Asie

---

[1] Le Koran déclare que la prière est le pilier de la religion. L'hommage rendu à Dieu doit être renouvelé cinq
fois par jour. Le Musulman, soit dans sa maison, soit dans
la promenade publique, doit élever son âme au ciel par
une courte mais fervente supplication. Son attention n'est
point épuisée par la longueur de sa prière, et le peu de mots
renfermés dans cette invocation, qui est considérée comme
très-efficace, expriment avec force des sentiments d'humilité, d'adoration envers Dieu, et de confiance dans sa mi-
séricorde. Les Docteurs de la Mosquée assurent avec raison
que c'est à la disposition religieuse du cœur et non à l'atti-
tude du corps que s'attachent les regards de celui qui lit
dans la pensée. La plus importante des purifications est de
chasser du cœur toutes les inclinations blâmables, tous les
vices et toutes les affections qui peuvent distraire du devoir
de servir Dieu. Celui-là est vertueux qui donne de l'argent
pour l'amour de Dieu, à son prochain, aux orphelins, aux
pauvres et pour le rachat des captifs, et qui se conduit
patiemment dans les peines, dans les adversités et dans
les occasions de colère. La règle admirable de la bienveil-
lance réciproque est répétée dans le Koran et dans le Sonna.
Le vice y est défini : pensée et regard coupables.

L'orgueil, la colère et l'avarice y sont voués à l'abomi-
nation. Le pardon des injures doit avoir sa récompense.
(*Histoire du Mahométisme,* par CHARLES MILL, p. 333–359).
Tous ces préceptes tirés du christianisme compensent dans
le Koran un grand nombre de pages remplies d'absurdités.

son code religieux, et l'Asie obéit en trem-
blant à son code religieux.

Jésus-Christ annonce à ses disciples
qu'ils seront persécutés, haïs, mis à mort,
et il les exhorte à la résignation. Ceux qui
le suivent le font avec liberté; il y a de
l'honneur à faire le bien avec liberté; il
n'y en a plus à le faire malgré soi, par la
crainte des châtiments. La plus grande
crainte qu'inspire la religion chrétienne,
est celle de déplaire au créateur de l'univers. Elle veut qu'on agisse par les motifs
les plus nobles, les plus élevés, les plus
désintéressés; elle est tout honneur : elle
seule fait l'ornement et la gloire des nations civilisées.

Mahomet offre aux chrétiens le Koran,
le tribut ou l'épée [1]; aux idolâtres, la con-
version ou la mort. Le Christ ordonne à
ses disciples de fouler aux pieds les gran-
deurs humaines, et de n'opposer à leurs

---

[1] *Tableau des Preuves évidentes du christianisme*,
par William Paley, tome ii, page 278. On recommande
cet ouvrage à l'attention de la jeunesse française.

adversaires qu'une douceur inaltérable , une patience et une humilité invincibles.

Mahomet ne fait aucun miracle, mais il commande en personne dans huit batailles rangées ; il dirige lui-même ou par ses lieutenants , cinquante expéditions militaires. L'Arabie et ses tribus indépendantes plient sans résistance sous ses armées fortes et courageuses. Les Arabes errants accourent en foule sous ses étendards, attirés par l'appât séducteur du pillage, de la liberté, de la victoire, des armes et du brigandage. Il partage avec eux les femmes captives. Tous ses miracles sont dans la force. « Ce n'est pas vous, dit-« il, qui avez mis à mort ceux qui ont « péri à Bedr, c'est Dieu qui les a mis à « mort.

« Le glaive[1], s'écrie-t-il, est la clef du « ciel et de l'enfer : une goutte de sang « répandue pour la cause de Dieu, une « nuit passée sous les armes a plus de « mérite à ses yeux que deux mois de

---

[1] Charles Mill, p. 25.

« jeûnes et de prières. Les péchés de qui-
« conque meurt dans les combats sont
« pardonnés; au jour du jugement, ses
« blessures seront aussi resplendissantes
« que le vermillon et aussi parfumées
« que le musc, et la perte de ses membres
« sera remplacée par des ailes d'anges et
« de chérubins. »

Le Christ, pauvre artisan de la Galilée,
suivi d'un petit nombre de pêcheurs, sans
appui, sans pouvoir, souvent même sans
un lieu où il puisse reposer sa tête, abat
l'autorité de l'empire romain à l'époque
la plus brillante et la plus éclairée de son
existence; il triomphe dans son pays des
préjugés et de la science des pontifes, met
à ses pieds l'intolérance qu'on lui oppose
et renverse les opinions religieuses déco-
rées de toute la pompe et de tout l'éclat
du pouvoir. A son aspect s'évanouit la
philosophie des sages, comme on voit les
flambeaux allumés par l'homme durant
une nuit obscure s'effacer devant l'astre
éclatant qui dispense la lumière et la vie.

Il crée une vertu nouvelle, dont le nom

lui-même est étranger au langage de ses contemporains, l'humilité, qui, seule, peut dompter l'orgueil des nations rivales, et tarir la source de leurs inimitiés; il l'unit à l'amour; et, par ce noble hyménée, il anéantit à jamais ces haines dévastatrices qu'allume entre les peuples un puéril esprit de suprématie.

L'utilité de ses lois suprêmes, lorsqu'elles sont observées, révèle leur nature céleste. La terre n'est plus qu'une seule famille. L'amitié, ce don du ciel, ce trésor des grandes âmes, va tout animer d'une vie nouvelle. Elle donne à la patrie de nobles chevaliers, de nobles magistrats, qui, tous, la serviront avec ardeur; de toute leur intelligence, de toutes leurs facultés, de tout leur amour; nul ne dormira sur sa colère, et ainsi la guerre civile sera prévenue.

Il verse dans les cœurs les aromates de l'espérance et de la joie, dissipe les ténèbres de l'intelligence, fait succéder la confiance au désespoir, le zèle à l'indifférence; il ouvre le cœur ingrat et insensible à la reconnaissance et à l'amour, et pose enfin, le premier, le principe immuable vers lequel devront désormais graviter toutes les institutions humaines. Il fait plus encore, au précepte il joint l'exemple; sa douceur, sa simplicité, la pureté sans tache de ses mœurs, son dévouement, sa tendresse pour ceux que poursuit l'infortune, tout en lui est supérieur à l'humanité. Il est l'image vivante et céleste de l'abnégation.

Le mahométisme, imposé par la force, par la ruse, par la terreur, régnera quelques jours encore sur les nombreux esclaves de l'Asie. Le libre christianisme répandra graduellement sa lumière et sa chaleur vivifiante sur toutes les nations de la terre, en s'arrêtant de préférence dans les contrées où l'honneur domine et où une liberté intelligente lui permettra de s'établir. Lui seul pourra préserver désormais les nations libres des convulsions de l'anarchie, des maux affreux de la guerre civile, parce que lui seul ordonne aux

partis irrités d'immoler leurs ressenti-
ments sur l'autel de la patrie.

II.

Déjà sous le règne du cruel Néron,
Rome voit s'avancer ces phalanges rési-
gnées et victorieuses de martyrs, qui vont
subjuguer tant de peuples belliqueux ;
contemporains des héros qui ont accom-
pagné le Christ, ces martyrs courageux
savent les merveilles de sa vie. Ils les ont
vues ou ils les ont ouïes de ceux qui les
ont vues. Sa résurrection est proclamée,
et ceux mêmes qui l'ont immolé à leur
rage sanguinaire n'osent démentir cet éclatant phénomène. Ils gardent le silence ;
et ce silence les accuse.

Cependant les victimes marchent en
foule au supplice. Les familles chrétiennes
passent sous la dent avide de chiens dévo-
rants ; elles sont ignominieusement clouées
à des croix, ou allumées comme des tor-
ches nocturnes, pour illuminer les jardins
de Néron qui les regarde, mêlé dans la

(9)

foule en habit de cocher[1]. C'est à Rome
que sont jouées ces sanglantes tragédies,
trente ans après la mort du plus aimable,
du plus généreux, du plus savant des législateurs, et c'est un historien du paganisme
qui nous les fait connaître !

Demandez à l'histoire quelle fut leur
parfaite innocence ; leurs bourreaux eux-
mêmes y rendent hommage : « Ils chan-
« tent des hymnes à Christ comme à un
« Dieu ; s'engagent par serment à ne com-
« mettre aucun crime, à s'abstenir de vol,
« d'adultère, et à respecter la foi jurée : »
cet aveu est celui de leurs persécuteurs[2].

Où ces hommes faibles et désarmés
puisèrent-ils cette force étrangère à la
nature humaine, qui, en si peu d'années,
opéra le prodige de tant de conquêtes !
Étaient-ils conduits par l'amour de la
renommée ? mais leurs noms par milliers
nous seront éternellement inconnus ; ceux

---

[1] *Voir* le témoignage de Tacite, Note I , à la fin.

[2] *Voir* la lettre de Pline à l'empereur Trajan, Note II ,
à la fin.

de ces noms qui ont traversé les siècles pour venir jusqu'à nous, furent l'objet du mépris de leurs orgueilleux contemporains! Est-ce la soif de l'or qui décide l'homme à monter sur des bûchers en flammes, et à mourir impassible, avec sa famille, dans les supplices les plus ignominieux et les plus cruels?

Toutes les institutions humaines se sont écroulées, et debout au milieu de ces ruines, s'élève et grandit chaque jour l'édifice majestueux du christianisme. Voyez aujourd'hui l'auguste religion chrétienne, couvrant de ses ailes protectrices les nations libres de l'ancien et du nouveau monde. L'homme d'État [1] la prend pour guide lorsqu'il interroge l'avenir pour les intérêts de sa patrie; elle lui montre les ressorts secrets de l'administration, de l'économie sociale, de la politique, de toutes les transactions humaines. Elle lui ordonne impérativement de servir sa patrie, et de déployer pour elle tous ces

---

[1] On désigne particulièrement ici Montesquieu et le publiciste Wilberforce, mort en 1835.

germes précieux que la nature attentive
a déposés dans son intelligence et dans
son cœur. En inspirant à l'homme l'esprit de probité, elle anime les artères et
les veines du commerce, éveille la confiance, augmente le crédit, et multiplie
ces ingénieux travaux qui nourrissent les
familles laborieuses. Elle dirige les trésors
de l'estime publique vers la bienfaisance,
vers l'amour de l'humanité, vers l'esprit
d'abnégation. Elle fortifie les états libres
par l'esprit d'union, par l'amour de la patrie qu'elle propage autour d'elle ; elle
donne à l'enfance la perfection idéale d'une
créature céleste, et lui prépare les charmes
de la vie privée : elle enseigne à l'homme
« qu'il est sujet à l'erreur, qu'ainsi ses
« éloges sont souvent mal fondés, que son
« jugement étant obscurci et son cœur
« dépravé, il peut distribuer par système
« et d'une manière très-déplacée et ses
« mépris et ses applaudissements [1]. »
L'homme d'État y reconnaît une main

---

[1] Note III.

divine, et tous les miracles qui ont étonné les contemporains de son auguste fondateur sont moindres à ses yeux que la perfection suprême des théories savantes qu'il a données à l'univers.

Par quel prodige cette lumière soudaine et vivifiante s'est-elle propagée dans le monde? Semblable à l'astre du jour lorsqu'il se dégage des vapeurs de l'horizon, l'astre du christianisme dissipe les ténèbres de l'intelligence humaine, et brille aux yeux des nations d'un éclat d'autant plus vif qu'elles sont plus instruites dans l'art de gouverner. Quand cette religion a-t-elle pris naissance? Les disciples du Christ étaient-ils des hommes instruits dans les lettres? N'ont-ils laissé aucune note, aucune instruction qui pût servir à leurs élèves? Comment sont-ils parvenus à ébranler le formidable empire romain? Étaient-ils savants dans l'art insidieux de parler et d'écrire? Par quel prodige, jusqu'alors inconnu, ont-ils réussi à faire endurer à leurs prosélytes tant de travaux et de douleurs?

Le Christ, en deux lignes qui ne seront jamais ni effacées ni remplacées, pose le principe immuable du monde moral : ce principe va désormais gouverner les peuples civilisés; il résume la loi et les prophètes, et correspond, dans les régions de l'intelligence, à celui que Newton a depuis découvert dans le monde matériel. Un examen approfondi de ce merveilleux système montre aux publicistes les plus éclairés que Dieu lui-même ne pourrait ni le perfectionner ni le changer. Une vie nouvelle est apportée par l'amour et par l'intelligence à toutes les familles que l'égoïsme avait dispersées en déchaînant sur la terre tous les orages des passions haineuses. L'amitié, ce don du ciel, va réunir les malheureux humains. L'univers va sortir du froid engourdissement de la mort. L'égoïsme, ce triste époux de l'erreur, ne donnera plus naissance au meurtre, à la vengeance, à l'hypocrisie et à toutes ces passions venimeuses qui désolent les peuples ingrats. Le Christ combat ce redoutable athlète pour en délivrer toutes les familles de la terre : il s'offre avec la résignation d'un martyr aux coups redoublés de la calomnie, de l'ingratitude, de la dérision la plus amère. Il marche au devant de ses meurtriers, et ses plaies ferment les nôtres. O prodige! l'histoire de ces événements précède les événements [1]! et ces archives sacrées sont encore aujourd'hui sous la garde des ennemis implacables du Christ.

Il appelle à lui tous les cœurs affligés, et il y verse le baume fortifiant de l'espérance. Il n'est point venu sur la terre pour instruire seulement les malheureux humains, mais pour les consoler dans leur misère, pour les arracher à ces génies malfaisants qui les entraînent au crime. Les vertus qu'il a déployées aux yeux surpris de ses ennemis mêmes, n'eussent offert aux hommes dépravés qu'un contraste qui les eût accusés; elles n'eussent

[1] *Voir* l'édition populaire des Évangiles, dédiée à la Nation française par des ouvriers imprimeurs, où ces diverses citations sont toutes rassemblées dans l'introduction, pages xxxiv et xxxv.

fait qu'irriter leurs plaies en les mettant à découvert. Cette mission n'eût point eu le caractère éblouissant d'une mission divine; mais donner la force et la vie à des êtres affaiblis et mourants, guérir les plaies que l'égoïsme avait ouvertes, offrir son corps comme un bouclier pour en couvrir la grande famille humaine : voilà ce qui caractérise un envoyé céleste; le Christ n'est point un prophète inspiré du Ciel, mais une émanation de la nature divine.

Ainsi, Dieu oublie l'ingratitude de ses enfants, et les reçoit après leur repentir, lorsqu'ils implorent sa clémence. L'enfant prodigue est leur image : après avoir dissipé dans les plaisirs les biens qu'il a reçus de son père, il expie par de grands malheurs sa coupable ingratitude, et cependant il trouve encore dans la tendresse paternelle un refuge à tous ses maux.

Si l'enfant que le malheur a dompté retrouve dans son cœur les émotions de la tendresse filiale; si elles lui inspirent l'idée de venir se jeter aux pieds de celui qui lui a donné la vie, cette résolution, dictée par l'amour, est le terme de ses adversités ; mais si son cœur, rebelle et insensible, persévère dans ses résolutions criminelles, il meurt loin du foyer paternel. L'ami généreux qui viendrait le chercher à travers mille dangers pour l'arracher à sa perversité, pour le supplier de revenir sous le toit qui l'a vu naître, serait l'image du législateur aimable et suprême que toutes les nations libres adorent aujourd'hui.

NOTE I.

PASSAGE DE TACITE

RELATIF A L'INCENDIE QUI ÉCLATA À ROME SOUS LE RÈGNE DE NÉRON [1], TRENTE ANS ENVIRON PRÈS LA MORT DE JÉSUS-CHRIST.

(Extrait de l'ouvrage de William Paley intitulé : *Tableau des preuves évidentes du christianisme*, tome Ier, p. 45.)

« Mais ni ses efforts, ni ses largesses au peuple,
« ni ses offrandes aux dieux ne purent effacer
« l'odieuse imputation qu'il (Néron) avait ordonné
« cet incendie. Pour étouffer ces bruits, il supposa
« coupables et fit punir de la manière la plus cruelle
« des gens détestés pour leurs crimes et que le
« vulgaire nommait chrétiens. Leur nom vient de
« celui de Christ, qui avait été puni du dernier
« supplice sous l'empire de Tibère, par son lieu-
« tenant Ponce-Pilate. Cette fatale superstition,
« comprimée pendant quelque temps, éclatait de
« nouveau, non-seulement en Judée, où ce mal
« avait pris naissance, mais dans Rome même, où
« afflue de toutes parts et se propage tout ce qu'il y
« a d'atroce et de honteux. On saisit donc d'abord

---

[1] L'empereur était soupçonné d'avoir été la cause de cet incendie.

2

« ceux qui s'avouaient chrétiens, ensuite, sur leur
« déclaration, une multitude immense qui fut con-
« vaincue, non du crime de l'incendie, mais de la
« haine du genre humain. Ajoutant l'injure aux
« tourments du supplice, on les couvrait de peaux
« de bêtes sauvages, pour les faire périr déchirés
« par des chiens ; on les clouait à des croix, ou
« bien, après les avoir couverts de matières inflam-
« mables, on les allumait comme des flambeaux
« nocturnes à la fin du jour. Néron avait prêté
« ses jardins pour ce spectacle, dont il formait des
« jeux tels que ceux du cirque, se mêlant à la
« foule en habit de cocher, ou regardant de dessus
« son char. De là vint que ces hommes, quoique
« criminels et dignes de mort, excitaient la com-
« misération, comme étant sacrifiés, non à la sûreté
« publique, mais à la cruauté d'un seul. »

NOTE II.

— — —

LETTRE DE PLINE [1]

A L'EMPEREUR TRAJAN,

ÉCRITE ENVIRON SOIXANTE-DIX ANS APRÈS LA MORT DE JÉSUS-CHRIST.

« Je me fais une religion, Seigneur, de vous exposer tous mes scrupules ; car qui peut mieux, ou me déterminer, ou m'instruire ? Je n'ai jamais assisté à l'instruction et au jugement du procès d'aucun chrétien. Ainsi je ne sais sur quoi tombe l'information que l'on fait contre eux, ni jusqu'où l'on doit porter leur punition. J'hésite beaucoup sur la différence des âges. Faut-il les assujétir tous à la peine, sans distinguer les plus jeunes des plus âgés ? Doit-on pardonner à celui qui se repent ? ou est-il inutile de renoncer au christianisme quand une fois on l'a embrassé ? Est-ce le nom seul que l'on punit en eux ? ou sont-ce les crimes attachés à ce nom ? Cependant voici la règle que j'ai suivie dans les accusations intentées devant moi contre les chrétiens. Je les ai interrogés s'ils étoient chrétiens. Ceux qui l'ont avoué, je les ai interrogés une seconde et une troisième fois, et les ai menacés du

---

[1] Pline était alors gouverneur des provinces de Pont et de Bithinie situées le long de la mer de Marmara et de la mer Noire.

supplice. Quand ils ont persisté, je les y ai envoyés. Car de quelque nature que fût ce qu'ils confessoient, j'ai cru que l'on ne pouvoit manquer à punir en eux leur désobéissance et leur invincible opiniâtreté. Il y en a eu d'autres, entêtés de la même folie, que j'ai réservés pour envoyer à Rome, parce qu'ils sont citoyens romains. Dans la suite, ce crime venant à se répandre, comme il arrive ordinairement, il s'en est présenté de plusieurs espèces. On m'a remis entre les mains un mémoire sans nom d'auteur, où l'on accuse d'être chrétiens différentes personnes qui nient de l'être et de l'avoir jamais été. Ils ont, en ma présence, et dans les termes que je leur prescrivois, invoqué les Dieux, et offert de l'encens et du vin à votre image, que j'avois fait apporter exprès avec les statues de nos divinités; ils se sont même emportés en imprécations contre Christ.

« C'est à quoi, dit-on, l'on ne peut jamais for-
« cer ceux qui sont véritablement chrétiens. »

J'ai donc cru qu'il les falloit absoudre. D'autres, déférés par un dénonciateur, ont d'abord reconnu qu'ils étoient chrétiens, et aussitôt après ils l'ont nié, déclarant que véritablement ils l'avoient été, mais qu'ils ont cessé de l'être; les uns, il y avoit plus de trois ans, les autres depuis un plus grand nombre d'années; quelques-uns depuis plus de vingt. Tous ces gens-là ont adoré votre image et les statues des Dieux. Tous ont chargé Christ de malédictions.

« Ils assuroient que toute leur erreur ou leur
« faute avoit été renfermée dans ces points : qu'à
« un jour marqué, ils s'assembloient avant le lever
« du soleil, et chantoient tour à tour des vers à la
« louange de Christ, comme s'il eût été Dieu ;
« qu'ils s'engageoient par serment, non à quelque
« crime, mais à ne point commettre de vol, ni
« d'adultère ; à ne point manquer à leur promesse ;
« à ne point nier un dépôt : qu'après cela ils
« avoient coutume de se séparer, et ensuite de se
« rassembler pour manger en commun des mets
« innocents ; » qu'ils avoient cessé de le faire depuis mon édit, par lequel, selon vos ordres,
j'avois défendu toutes sortes d'assemblées. Cela
m'a fait juger d'autant plus nécessaire « d'arra-
« cher la vérité par la force des tourments, à deux
« filles esclaves, qu'ils disoient être dans le minis-
« tère de leur culte ; » mais je n'y ai découvert
qu'une mauvaise superstition portée à l'excès ; et
par cette raison, j'ai tout suspendu pour vous
demander vos ordres. L'affaire m'a paru digne de
vos réflexions, « par la multitude de ceux qui sont
« enveloppés dans ce péril. Car un très-grand
« nombre de personnes de tout âge, de tout ordre,
« de tout sexe, sont et seront tous les jours impli-
« quées dans cette accusation. » Ce mal contagieux
n'a pas seulement infecté les villes, il a gagné les
villages et les campagnes. Je crois pourtant que

l'on y peut remédier, et qu'il peut être arrêté. Ce qu'il y a de certain., c'est que les temples, « qui « étoient presque déserts, sont fréquentés, » et que les sacrifices, longtemps négligés, recommencent. On vend partout des victimes qui trouvoient auparavant peu d'acheteurs. De là, on peut juger quelle quantité de gens peuvent être ramenés de leur égarement, si l'on fait grâce au repentir. »

RÉPONSE DE L'EMPEREUR TRAJAN

A PLINE.

« Vous avez, mon très-cher Pline, suivi la voie
« que vous deviez dans l'instruction du procès des
« chrétiens, qui vous ont été déférés ; car il n'est
« pas possible d'établir une forme certaine et gé-
« nérale dans cette sorte d'affaire. Il ne faut pas en
« faire perquisition : s'ils sont accusés et convain-
« cus, il les faut punir. Si pourtant l'accusé nie
« qu'il soit chrétien, et qu'il le prouve par sa con-
« duite, je veux dire en invoquant les Dieux, il
« faut pardonner à son repentir, de quelque soup-
« çon qu'il ait été auparavant chargé. Au reste,
« dans nul genre de crime, l'on ne doit recevoir
« des dénonciations qui ne soient souscrites de
« personne ; car cela est d'un pernicieux exemple,
« et très-éloigné de nos maximes. »

NOTE III.

La décision souveraine des Écritures sur la faiblesse de l'intelligence humaine peut, à l'aide d'une expérience fort simple, être érigée en théorie. Cette expérience consiste à essayer de faire la plus simple opération de calcul sans le secours de ses mains et de ses yeux, c'est-à-dire avec la raison toute seule ; l'on mesurera ainsi la portée de cette arme et on aura la certitude de son impuissance pour atteindre aux questions compliquées qui tiennent à l'ordre religieux.

Cette expérience, conforme à la décision des livres sacrés qui déclarent l'homme sujet à l'erreur, et distribuant d'une manière, non-seulement très-déplacée, mais aussi très-dangereuse, ses mépris et ses applaudissements, semble jeter une vive lumière sur l'étude des vérités religieuses, et c'est aussi pourquoi nous insistons pour que la jeunesse française veuille se bien pénétrer de cet aphorisme : que *la raison est une maîtresse d'erreur*, qu'elle peut, comme le dit Pascal, connaître des sujets qui tombent sous les sens ; qu'il ne faut ni la croire toujours ni refuser de la croire quelquefois ; que cette orgueilleuse doit se soumettre dans les choses qui évidemment la surpassent, et s'en rapporter pour ces choses au témoignage des sens ;

ainsi par exemple, l'apparition du Christ après sa mort, et beaucoup d'autres phénomènes qu'ont rapportés les évangélistes et les apôtres [1], ont pu être jugés par l'œil, par l'oreille, par le tact; ces phénomènes étaient du domaine des sens; ces historiens, ces instituteurs disent avoir vu, avoir entendu, avoir touché le Christ après sa mort, avoir bu et mangé avec lui; ont-ils voulu nous tromper? C'est une question que nous pouvons juger comme la plupart de celles qui sont chaque jour soumises à l'examen des tribunaux. Les témoignages sont là; il faut les discuter : ils sont faux ou ils sont vrais. S'ils sont vrais, nous en croirons l'œil, l'oreille et le tact de ceux qui ont vu, entendu et touché. Quant à la possibilité des miracles, la raison bornée de l'homme s'arrête devant cette question, et se reconnaît trop faible pour la décider : elle en réfère à l'histoire et se borne à en examiner les pages avec le soin le plus attentif.

Ceux qui doutent de l'erreur où tombent les hommes lorsqu'ils se conduisent d'après les lumières seules de la raison humaine et sans consulter l'intelligence divine, n'ont qu'à porter un regard sur le précipice où vont s'engloutir la plupart des empires; nous n'en voulons citer qu'un seul exemple : celui de Rome, sous les premiers

---

[1] Actes X, 41.

empereurs. « C'est ici, dit Montesquieu [1], qu'il faut
« se donner le spectacle des choses humaines, qu'on
« voie dans l'histoire de Rome tant de guerres en-
« treprises, tant de sang répandu, tant de peuples
« détruits, tant de grandes actions, tant de triom-
« phes, tant de politique, de sagesse, de prudence,
« de constance, de courage; ce projet d'envahir
« tout, si bien formé, si bien soutenu, si bien fini,
« à quoi aboutit-il qu'à assouvir le bonheur de cinq
« ou six monstres? Quoi! ce sénat n'avait fait éva-
« nouir tant de rois que pour tomber lui-même
« dans le plus bas esclavage de quelques-uns de
« ses plus indignes citoyens, et s'exterminer par
« ses propres arrêts! On n'élève donc sa puissance
« que pour la voir mieux renversée! Les hommes
« ne travaillent à augmenter leur pouvoir que pour
« le voir tomber contre eux-mêmes dans de plus
« heureuses mains. »

Nous comparons la raison humaine, lorsqu'elle
est cultivée par l'étude ou fortifiée par la médita-
tion, à la lumière d'un phare élevé sur le bord de
la mer : il éclaire à dix ou quinze lieues du rivage,
mais non à cinquante lieues, moins encore à cent
mille lieues, et moins encore à trente-trois millions de lieues. Le soleil seul traverse les orbes im-
menses de notre système planétaire.

---

[1] Grandeur et décadence des Romains.

De même la lumière de l'intelligence humaine peut éclairer autour d'elle dans le domaine des spéculations de la vie privée; mais il n'y a que la lumière du soleil d'intelligence qui réside par delà tous les cieux, qui puisse éclairer le monde moral, et, de même que la lumière du soleil nous vient d'un astre placé hors de la portée de nos lumières artificielles, et que sans lui nous n'aurions jamais connu l'existence des sphères qui se balancent dans notre système planétaire, de même aussi sans la lumière intellectuelle qui nous est venue par la révélation, nous aurions ignoré les principes fondamentaux de l'ordre moral que nous a révélés Jésus de Nazareth.

Si le phare que nous avons allumé sur le bord de la mer représente le génie d'un législateur, la lampe brillante qui éclaire un salon élégamment décoré nous donnera l'idée d'un esprit orné de connaissances agréables, comme on en voit aujour- d'hui un grand nombre parmi les nations civilisées. La lumière d'une bougie sera celle d'une intelligence tout ordinaire, et enfin celle de la pâle veilleuse, qui éclaire à peine une chambre au milieu de la nuit, sera l'image d'un esprit que la nature a privé de ces lumières communes à la plus grande partie des hommes.

Ces notions préliminaires sont indispensables pour expliquer ces innombrables contradictions

que nous voyons naître sur les questions compliquées de l'ordre moral et religieux. Ces questions
sont placées à une trop grande distance du phare,
de la lampe, de la bougie et de la veilleuse qui
figurent les divers degrés de notre intelligence.
Je prendrai pour exemple celui de la résurrection
des corps. Elle est possible ou impossible? L'un
affirme que Dieu ne peut donner à l'homme une
seconde fois la vie, et il croit avoir raison; l'autre
affirme le contraire, et croit aussi avoir raison.
L'un ou l'autre se trompe; mais d'où vient cette
contradiction? aurait-elle lieu si tous deux discer-
naient la vérité? Non assurément. Ils ne peuvent
donc pas voir clair dans cette question; elle est
trop éloignée du point où peut atteindre la lumière
de leur intelligence. Cette question, en un mot, ne
peut être tranchée par l'esprit humain; il fallait donc
que Dieu vînt à notre secours, et que lui-même il
nous révélât les secrets du monde invisible.

Il arrive souvent que le phare élevé sur le rivage
de la mer projette sa lumière dans une direction
seulement, et qu'il laisse tout dans l'ombre derrière
lui, du côté de la terre. De même, le phare de
l'intelligence peut avoir dirigé toute son action vers
un côté seulement, par exemple, celui des belles-
lettres, et n'avoir, sur la politique, sur la guerre,
sur les mathématiques que des idées tout à fait con-
fuses. Voltaire ne pensera peut-être point comme

Montesquieu sur le code législatif du Christ; celui-ci déclare que l'Évangile est le plus beau présent que le ciel ait fait à la terre; et le philosophe de Ferney s'extasie devant l'exorde des lois de Zaleucus. Lequel de ces deux hommes célèbres a raison? lequel a tort? « J'ose ici défier, dit Voltaire [1], tous « les moralistes et tous les législateurs, et je leur « demande à tous s'ils ont dit rien de plus beau et « de plus utile que l'exorde des lois de Zaleucus, « qui vivait avant Pythagore, et qui fut le premier « magistrat des Locriens. »

« Tout citoyen doit être persuadé de l'existence « de la Divinité. Il suffit d'observer l'ordre et l'har- « monie de l'univers, pour être convaincu que le « hasard ne peut l'avoir formé. On doit maîtriser « son âme, la purifier, en écarter tout mal, per- « suadé que Dieu ne peut être bien servi par les « pervers, et qu'il ne ressemble point aux misé- « rables mortels qui se laissent toucher par de « magnifiques cérémonies et par de somptueuses « offrandes. La vertu seule et la disposition con- « stante à faire le bien peuvent lui plaire. Qu'on « cherche donc à être juste dans ses principes et « dans la pratique; c'est ainsi qu'on se rendra « cher à la Divinité. Chacun doit craindre ce qui « mène à l'ignominie, bien plus que ce qui conduit

---

[1] Essai sur les mœurs.

« à la pauvreté. Il faut regarder comme le meil-
« leur citoyen celui qui abandonne sa fortune pour
« la justice ; mais ceux que leurs passions violentes
« entraînent vers le mal, hommes, femmes, ci-
« toyens, simples habitants, doivent être avertis de
« se souvenir des dieux, et de penser souvent aux
« jugements sévères qu'ils exercent contre les cou-
« pables; qu'ils aient devant les yeux l'heure de la
« mort, l'heure fatale qui nous attend tous, l'heure
« où le souvenir des fautes amène les remords et
« le vain repentir de n'avoir pas soumis toutes ses
« actions à l'équité.

« Chacun doit se conduire à tout moment,
« comme si ce moment était le dernier de sa vie :
« mais si un mauvais génie le porte au crime,
« qu'il fuie au pied des autels; qu'il prie le ciel
« d'écarter loin de lui ce génie malfaisant; qu'il se
« jette surtout entre les bras des gens de bien,
« dont les conseils le ramèneront à la vertu, en
« lui représentant la bonté de Dieu et sa ven-
« geance. »

Faisons l'analyse de ce chef-d'œuvre législatif,
et dépouillons-le de sa parure littéraire afin d'en
mieux examiner le sens; que le jeune Français qui
désire comprendre le christianisme, compare ici
la richesse des instructions que Mahomet a pillées
dans nos livres sacrés avec l'indigence des froids et
stériles conseils donnés aux Locriens par Zaleucus.

1°. Tout citoyen doit être persuadé de l'existence de la Divinité.

2°. On voit que le hasard ne peut avoir formé l'univers.

3°. Dieu (c'est-à-dire, les dieux païens, puisque Zaleucus n'en reconnaissait pas d'autres) les dieux veulent qu'on maîtrise son ame, qu'on la purifie et qu'on en écarte tout mal ; ils n'aiment point comme les hommes les somptueuses offrandes.

4°. Il n'y a que la vertu seule et une disposition constante à faire le bien qui puissent leur plaire.

5°. Il faut chercher à être juste dans ses principes et dans la pratique ; c'est ainsi qu'on se rendra cher à la Divinité.

6°. Il faut craindre l'ignominie plus que la pauvreté.

7°. Il faut regarder comme le meilleur citoyen celui qui abandonne sa fortune pour la justice.

8°. Les hommes et les femmes qui ont des passions violentes doivent être avertis de se souvenir des dieux.

9°. Tous doivent penser souvent aux jugements que les dieux exercent contre les coupables.

10°. Les hommes, les femmes, les citoyens, les simples habitants doivent penser à la mort qui nous attend tous.

11°. Chacun doit se conduire à tout moment comme si ce moment était le dernier de sa vie.

12°. S'il est porté au crime par quelque mauvais génie, il doit prier le ciel d'écarter ce génie malfaisant, venir consulter les gens de bien qui le ramèneront à la vertu en lui représentant la bonté de Dieu et sa vengeance.

Nul doute que ces sages conseils, donnés souvent à la jeunesse dans des assemblées solennelles et fortifiés par l'exemple des parents, ne produisent d'honorables dispositions dans le cœur des enfants; mais supposez que des passions violentes enflammées par l'égoïsme viennent fondre sur les disciples de Zaleucus, croit-on qu'elles seront vaincues par ces préceptes? Ne donne-t-on pas tous les jours des avis de la même sagesse sans remarquer aucun changement sensible dans les mœurs de l'individu qui les reçoit? En vain essaierait-on de colorer ces pensées par le mérite de l'harmonie, elles glisseront, pour ainsi dire, sur des cœurs engourdis par l'égoïsme, ou enflammés par l'orgueil, la jalousie, l'ambition, l'avarice, l'envie, et par toute l'armée des passions corrosives.

D'ailleurs, l'exhortation de se souvenir des dieux païens n'est rien moins que prudente, lorsqu'elle s'adresse à la jeunesse; leur histoire semble n'être qu'une collection des aventures de ruelles qu'on a rassemblées dans nos chroniques les plus scandaleuses; l'implacable Junon n'est pas très-propre à enseigner le pardon des injures. La jeune Locrienne qui penserait souvent à Vénus, ne serait peut-être pas fort disposée à la chasteté; le terrible Mars ne serait pas plus courageux que nos martyrs, mais il serait peut-être moins qu'eux disposé à soutenir au péril de ses jours la cause sainte de l'humanité. Le blond Phébus et le redoutable Jupiter dans leurs courses romantiques, ne sont pas non plus de très-beaux modèles de continence, et leur exemple n'est pas très-propre à poursuivre jusqu'à la pensée de l'adultère, pour l'empêcher de naître dans les sens. Ainsi penser souvent aux dieux païens n'est pas le plus sûr moyen de former le cœur de la jeunesse : il eût peut-être, au contraire, fallu la prier de n'y penser jamais.

Ce n'était donc pas la peine de s'écrier comme Voltaire : « Non, il n'y a rien dans toute l'anti-« quité qu'on puisse comparer à ce morceau simple « et sublime, dicté par la raison, dépouillé d'en-« thousiasme et de ces figures gigantesques que le « bon sens désavoue [1]. »

Concluons de là que les esprits cultivés se trompent, sans cesser d'ailleurs d'avoir toute la lumière qui les fait briller dans la sphère que Dieu a jugé convenable de leur assigner. L'œil ne voit qu'à une lieue et non à cent mille lieues. Le bras soulève un poids de 400 livres et non de 400,000; de même

---

[1] Essai sur les mœurs.

l'esprit résout certaines questions et n'en peut point résoudre d'autres. Si, à l'aide des méthodes de calcul, l'homme parvient à résoudre des questions compliquées ; si, à l'aide d'un télescope, il voit à de grandes distances ; si, à l'aide d'un levier, il soulève de grands poids, le levier n'est point son bras, le télescope n'est point son œil et le calcul n'est point son intelligence : cela est si vrai que si vous enfermez dans l'obscurité un homme instruit dans les mathématiques, ou si vous le privez de l'usage de ses mains, il ne pourra résoudre une légère difficulté d'arithmétique.

Ce n'est qu'après des travaux opiniâtres, des études profondes, que Montesquieu, Newton, Bacon, Locke et tant d'autres esprits méditatifs ont pu comprendre la sagesse suprême des lois chrétiennes ; et, si Voltaire n'a pu la comprendre, il a eu cela de commun avec beaucoup d'autres esprits déliés. Tacite et Pline se sont aussi trompés de la meilleure foi du monde ; l'un en l'assimilant à *une fatale superstition,* ou en désignant les chrétiens comme *des criminels dignes de mort ;* et l'autre en écrivant de sang-froid à l'empereur Trajan : « qu'après avoir fait mettre deux filles chrétiennes « à la torture, il n'avait découvert en elles *qu'une* « *mauvaise superstition portée à l'excès.* »

Si l'on compare l'exorde des lois de Zaleucus à l'extrait du Koran que nous avons exposé page première, lequel n'est lui-même qu'une partie des richesses du christianisme, on verra que Mahomet comprenait mieux que Voltaire le parti qu'il pouvait tirer de nos livres sacrés. Aussi Voltaire n'a-t-il point fondé, comme Mahomet, un empire formidable. L'arbre du mahométisme tient à la terre par des racines chrétiennes; pour l'abattre, il ne faudra rien moins que l'arbre du christianisme dont les racines pleines de vigueur viendront peu à peu joindre les siennes.

La lumière de la raison la plus distinguée ne peut atteindre dans les régions éloignées du monde intellectuel : nous en avons la preuve dirimante dans les opinions contradictoires que nous voyons surgir de toutes les discussions philosophiques et religieuses. Ces contradictions mettent en évidence l'absurdité des systèmes éclos du cerveau de l'homme. Si, comme le dit Voltaire, Zaleucus efface tous les législateurs de l'antiquité, on peut maintenant se faire une idée de la pauvreté de leurs systèmes; mais pour bien évaluer leur indigence, il faut connaître la richesse temporelle des livres inspirés. Concluons de là que Dieu seul pouvait éclairer le monde dans la sphère des spéculations religieuses. *Il fallait une révélation.*

En voyant les aberrations d'un esprit aussi cultivé que Voltaire, le jeune Français ne doit pas être étonné de se tromper aussi dans ses opinions religieuses; mais s'il aime sa patrie, il doit s'appliquer à l'étude du christianisme et y encourager ses camarades par son exemple; les Bacon, les Milton, les Locke, les Pascal, les Newton n'ont point, comme le dit Sir Wilberforce, « embrassé « le christianisme avec une foi aveugle et implicite, « mais à la suite des plus doctes recherches et des « plus profondes méditations. » L'opinion de ce philanthrope anglais est exposée dans un ouvrage qui a pour titre : *Le Christianisme des gens du monde mis en opposition avec le véritable christianisme* [1]. Quarante années d'une vie parlementaire lui ont permis d'examiner en homme d'État les harmonies de la religion avec la prospérité de sa patrie, et il s'est fait un devoir de les exposer aux yeux attentifs de l'Angleterre. « Non-seule- « ment, dit l'auteur dans son introduction, la reli- « gion est une affaire qui doit occuper tous les « hommes, mais ses progrès et sa décadence ont « une liaison trop intime avec les intérêts tempo- « rels de la société pour qu'ils ne deviennent pas « l'objet spécial des sollicitudes d'un vrai publi- « ciste. »

Nous pensons qu'il serait prudent de faire commencer le plus tôt possible à nos Français les études préparatoires nécessaires pour les ramener dans les

---

[1] Il a paru en 1797; la 11ᵉ édition est de 1821.

églises ou dans les temples, et de fonder à Paris une école normale d'où sortiraient des hommes de lettres chargés : 1°. de répandre la connaissance de l'histoire du christianisme; 2°. de faire comprendre au peuple l'application de ses savantes doctrines à toutes les transactions politiques, administratives et sociales; 3°. de faire naître dans les familles, à quelque communion d'ailleurs qu'elles appartiennent, le goût des lectures de l'Ancien et du Nouveau Testament. Ces études préliminaires ramèneraient aux sources d'eaux vives nombre d'esprits forts et d'idéologues, dont nos villages et nos ateliers surabondent, et on ne verrait plus, comme aujourd'hui, nos soldats et nos matelots abandonnés au plus dangereux scepticisme.